Ignaz Brüll, Alfred Maria Willner

Champagner-Märchen

Ignaz Brüll, Alfred Maria Willner

Champagner-Märchen

ISBN/EAN: 9783741106828

Manufactured in Europe, USA, Canada, Australia, Japa

Cover: Foto ©Angelika Wolter / pixelio.de

Manufactured and distributed by brebook publishing software
(www.brebook.com)

Ignaz Brüll, Alfred Maria Willner

Champagner-Märchen

Champagner-Märchen.

Ballet-Divertissement

in einem Akt

von

A. M. WILLNER,

Musik von

JGNAZ BRÜLL.

OP. 54ᴬ

Klavier-Auszug Pr. M. 8,_netto.

Eigenthum der Verleger für alle Länder.

ED. BOTE & G. BOCK

BERLIN,

Hofmusikalienhändler

Sr.M.des Kaisers und Königs,J.J.M.M.der Kaiserinnen Augusta und Friedrich und Sr.K.H.des Prinzen Albrecht von Preufsen.

Lith.Anst.v.C.G.Röder,Leipzig.

Personen.

Der König (von Frankreich),

Dessen Leibarzt,

Der Kellermeister,

Der Obersthofmeister,

Ein Offizier der Schlosswache,

Eine alte Hexe,

Der Genius des Frohsinns,

Der Genius der Schwermuth,

Der Champagner,

Ein Greis (die Vergangenheit).

Hofleute, Professoren, Pagen, Landleute, Geister der Schwermuth, Geister des Frohsinns, Debardeure etc.

Ort: Schlosspark des Königs.

Stich und Druck von C. G. Röder, Leipzig.
14025

Champagner-Märchen.

Ballet–Divertissement
in einem Akt
von
A. M. Willner.
Musik
von
Ignaz Brüll. Op. 54 A.

Introduction.
Andante. M.M. ♩= 56.

Copyright 1894 by Ed. Bote & G. Bock, Berlin.
14025

Ed. Bote & G. Bock, Berlin.

I. Scene.

Es ist Nacht. Links im Vordergrunde ein grosser Baldachin mit Estrade. Ausblick in den Park, dessen Alleen im Mondenschein schimmern.

Lento. ♩ = 100.

(Vorhang auf.)

Der König in schwarzer Kleidung auf einer Lagerstatt halb liegend, in Melancholie versunken. Um ihn lagern die Geister der Schwermut. Der Genius der Melancholie unmittelbar hinter dem

König, seinen Schleier über das Haupt des Träumenden ausspannend. Etwas weiter unten ein silberhaariger Greis (die Vergangenheit), der die Harfe schlägt.   Blaues Licht beleuchtet das Bild.

Der Harfner spielt,   still lauscht der König, denkt entschwundenen Glücks und blickt träumerisch
in die Ferne.

Andante quasi Allegretto. ♩.= 76.
Dann erhebt er sich, von seiner Erinnerung übermannt und breitet sehnsuchtsvoll die Arme aus.

col Ped.

Die drei Parzen

14025

werden sichtbar; zu den Füssen der dritten liegt ein schönes Mädchen im Todesschlafe, daneben ein

tremolo

Immortellenkranz mit Trauerschleifen.

Der König seufzt. Das

Bild verschwindet. **Tempo I.**

Introduction.
Allegretto. ♩.=92.

Tanz der Geister.

6

Lichtere Gestalten.

14025

Es dämmert. Die Geister verschwinden allmählich.

dimin.

pp

14025

II. Scene.

Allegro moderato. ♩ = 138.

Es wird Morgen.

Im Parke zeigen sich Gärtnerburschen mit Arbeitszeug

rit.   *a tempo*

und junge Mädchen mit Blumen. Sie blicken verstohlen nach dem König, wagen sich dann

weiter vor und beginnen zu tanzen.

(Tanz)

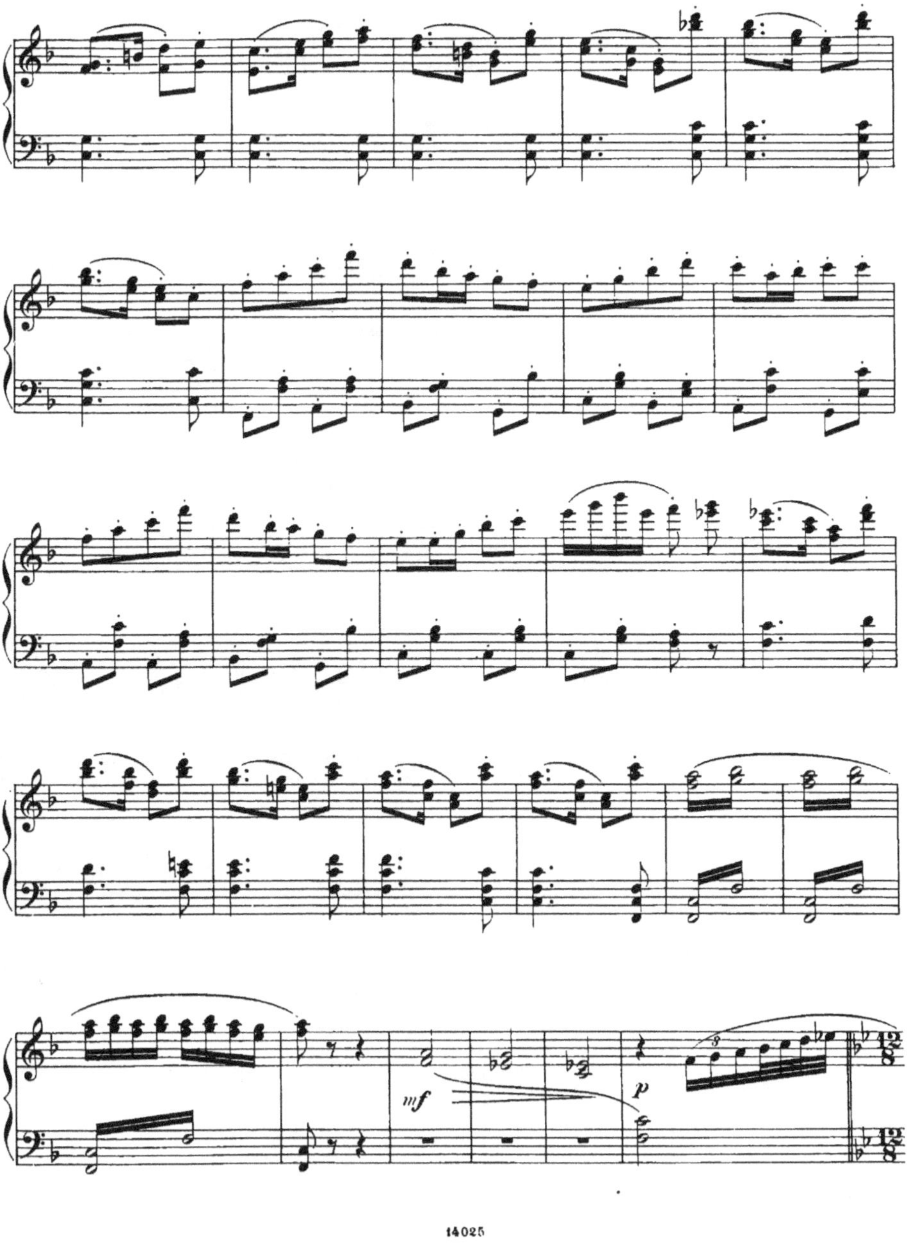
mf
p

Allegro moderato. ♩. = 138.

Die Mädchen bieten dem Könige frische Blumen zum Morgengruss.

col Ped.

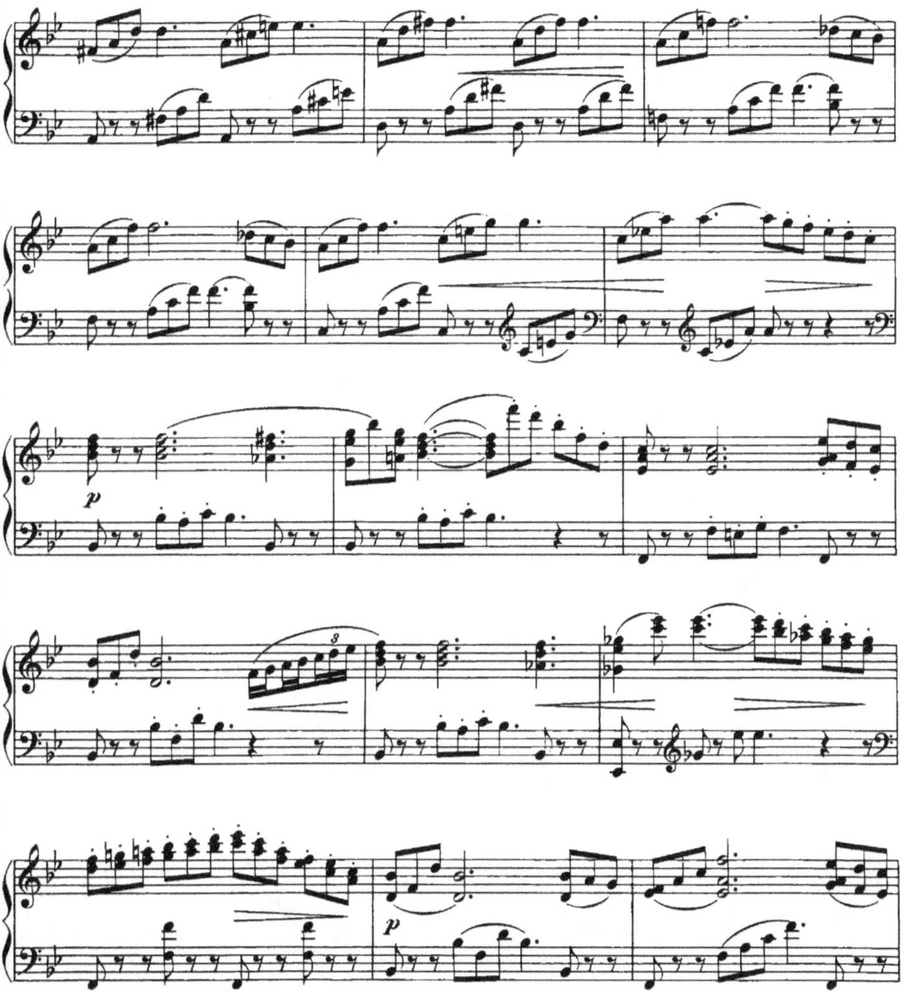

12

Solo-Tanz.
Allegro. ♩ = 176.

14025

Die Tänzerin bedeutet den Anderenbetrübt,
dass sie den König nicht aufzuheitern vermag.

Tempo I.   Abgang der Tanzenden.   Zugleich versammelt sich der Hofstaat.   Die

Hofherren schäkern mit den abtanzenden Gärtnerinnen.

dim. poco a poco

Flöte.

3. Scene.

Allegro moderato. ($\quad$ = 120.)

Der Leibarzt des Königs tritt auf, gefolgt von den Professoren der medizinischen Facultät und

erkundigt sich weitschweifig nach dem Befinden seines Gebieters.

Auch die anderen Ärzte befragen den König ü-

ber sein Befinden; dieser antwortet kaum und weist eine grosse Medicinflasche unwillig zurück.

Die Doctoren berathen sich unter einander,

disputiren,

sie streiten

cresc.

immer heftiger.

Der Leibarzt sagt, dass die Wissenschaft kein Mittel habe,

die Anderen stimmen bei.

Allegro. ♩ = 144.

Der Hofmarschall meint, man solle versuchen, den König durch Wein zu erheitern.

Vell.

Der Kellermeister eilt
pizzicato

herbei.

Der Hofmarschall ge-

bietet ihm, die köstlichsten Weine zu credenzen. Der Kellermeister ab.

Der Obersthofmeister
giebt ein Zeichen.

4. Scene.

La revue des vins.

Zu jedem Weine erscheint ein lebendes Bild. Die Figuren beleben sich und führen die Tänze aus.
So oft ein Tanz endigt, credenzt ein Page dem Könige den Pocal. Dieser winkt ab oder nippt kaum.

Die deutschen Weine.

Einleitung.
Allegro moderato. ($\quad$ = 138.)

Tanz. *sempre molto tranquillo*

Poco più animato.

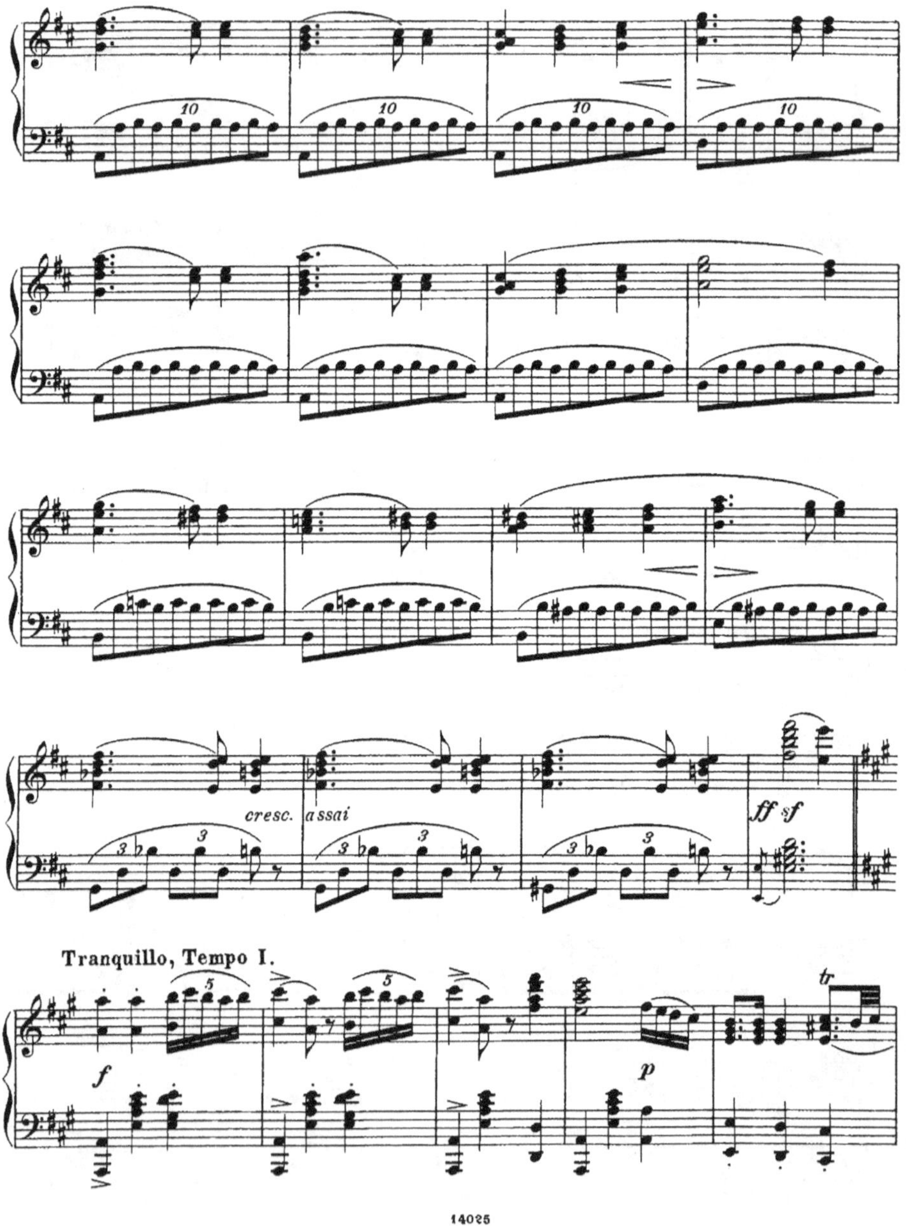
cresc. assai
ff sf
Tranquillo, Tempo I.
f
p
tr

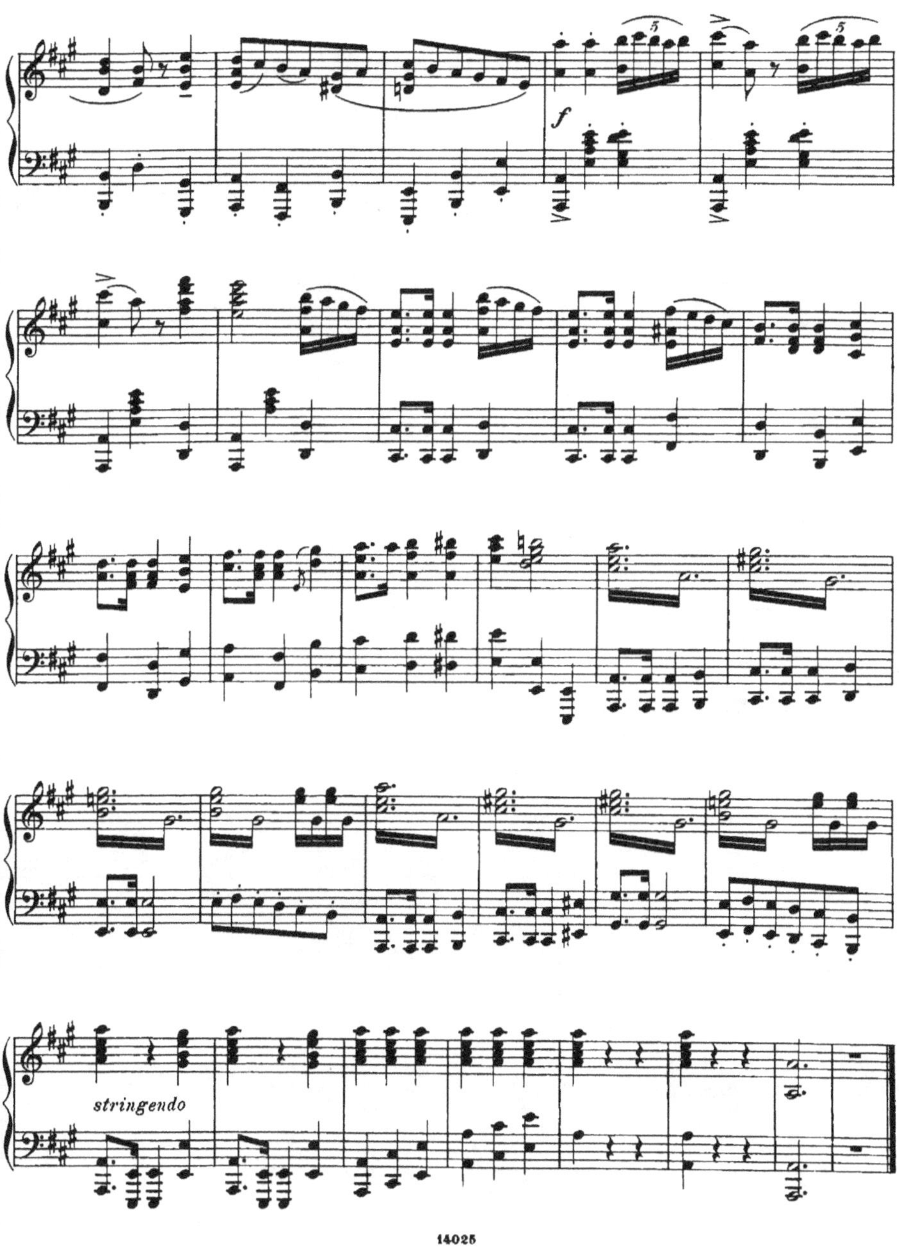
5
f
stringendo

Die italienischen Weine.

Introduction.
Andante. (♩. : 88)

Tarantella. Tanz.
Presto. (♩.= 160)

sempre p

14035

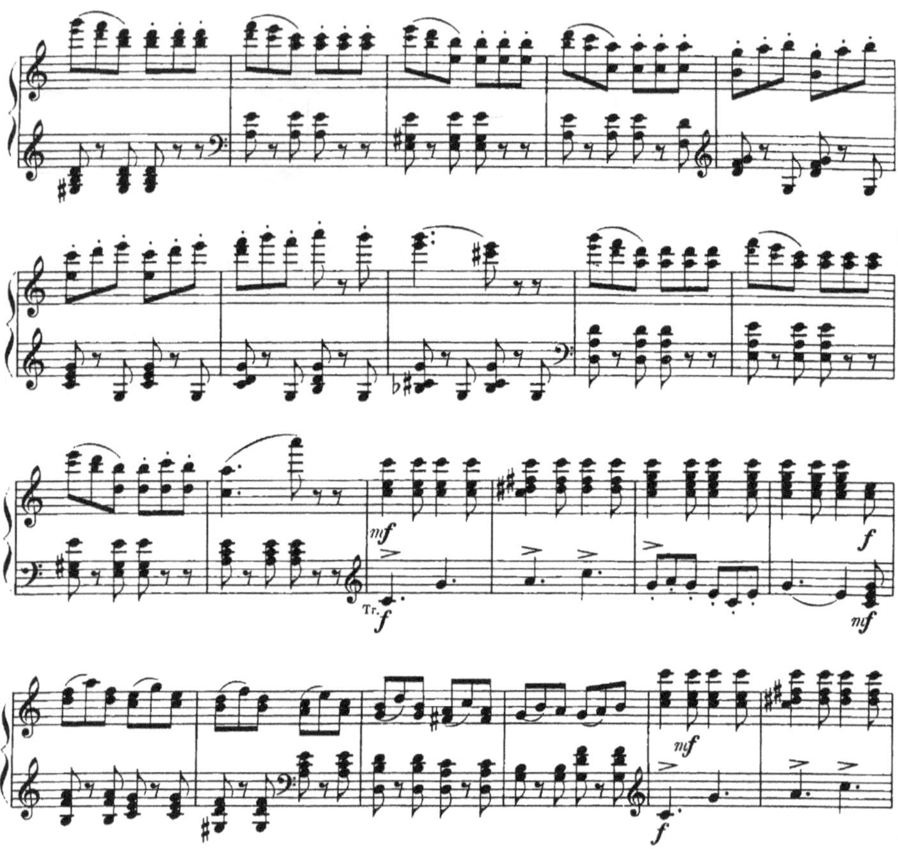
Tr.

Più mosso.

Die österreichischen Weine.

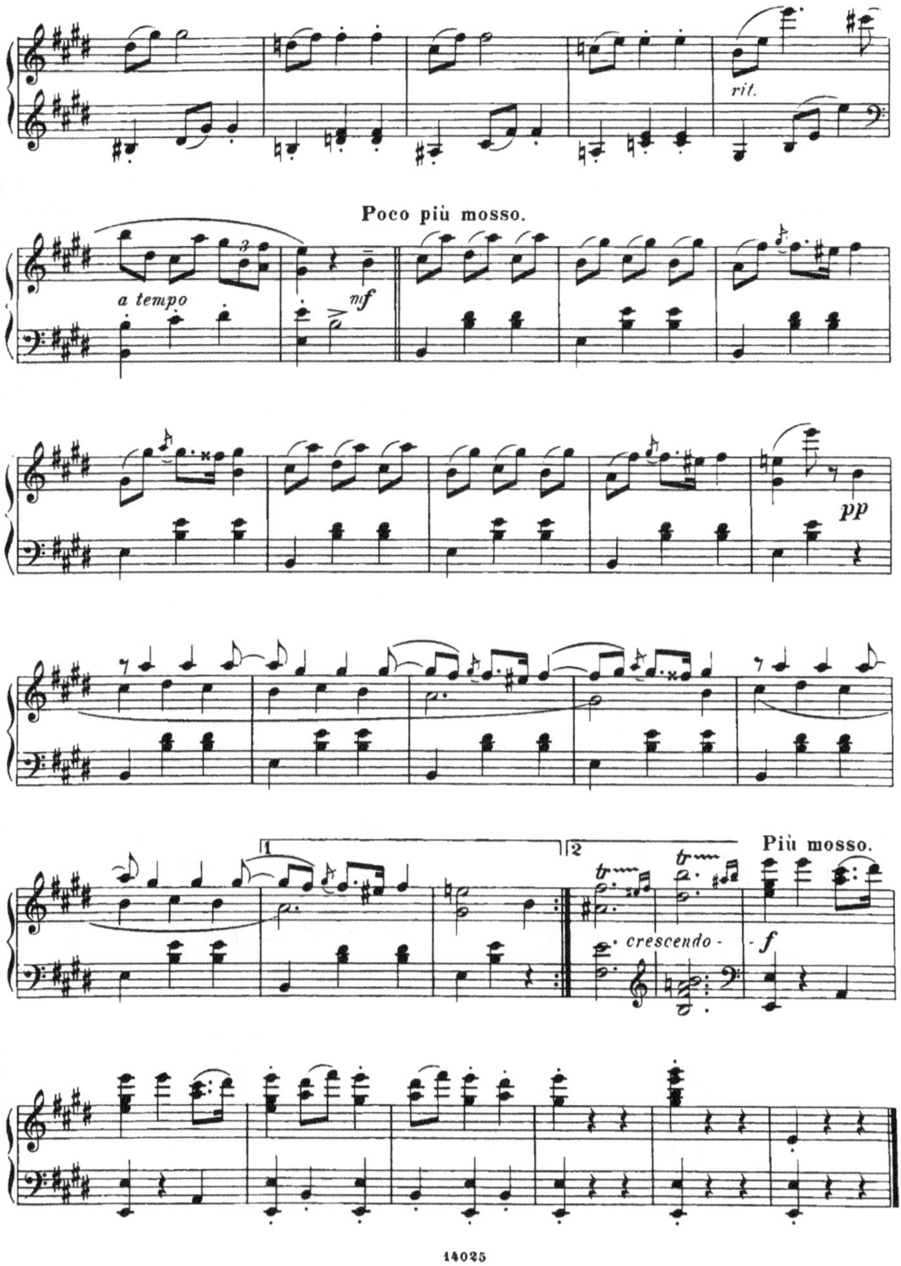
rit.
Poco più mosso.
a tempo
mf
pp
1
2
crescendo
f
Più mosso.

Die spanischen Weine.

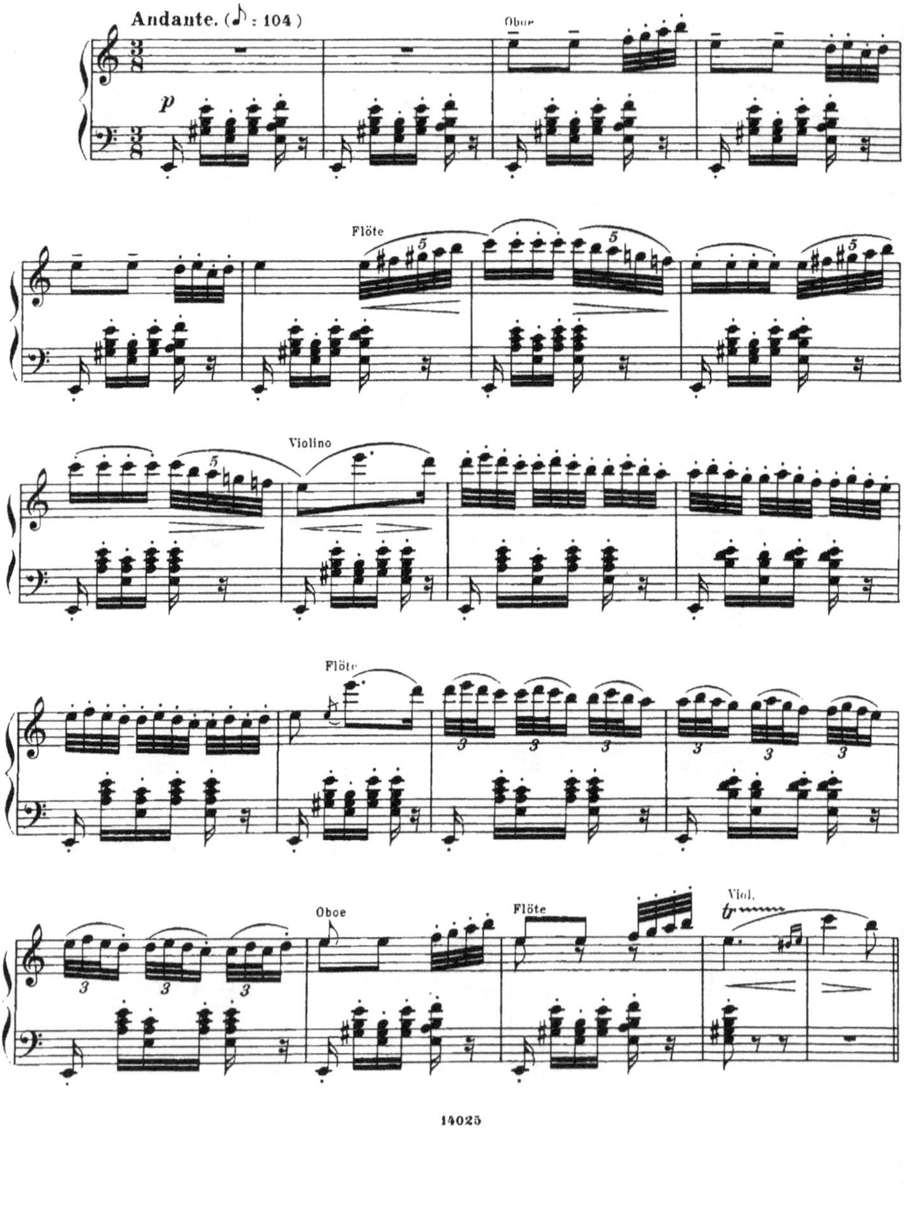

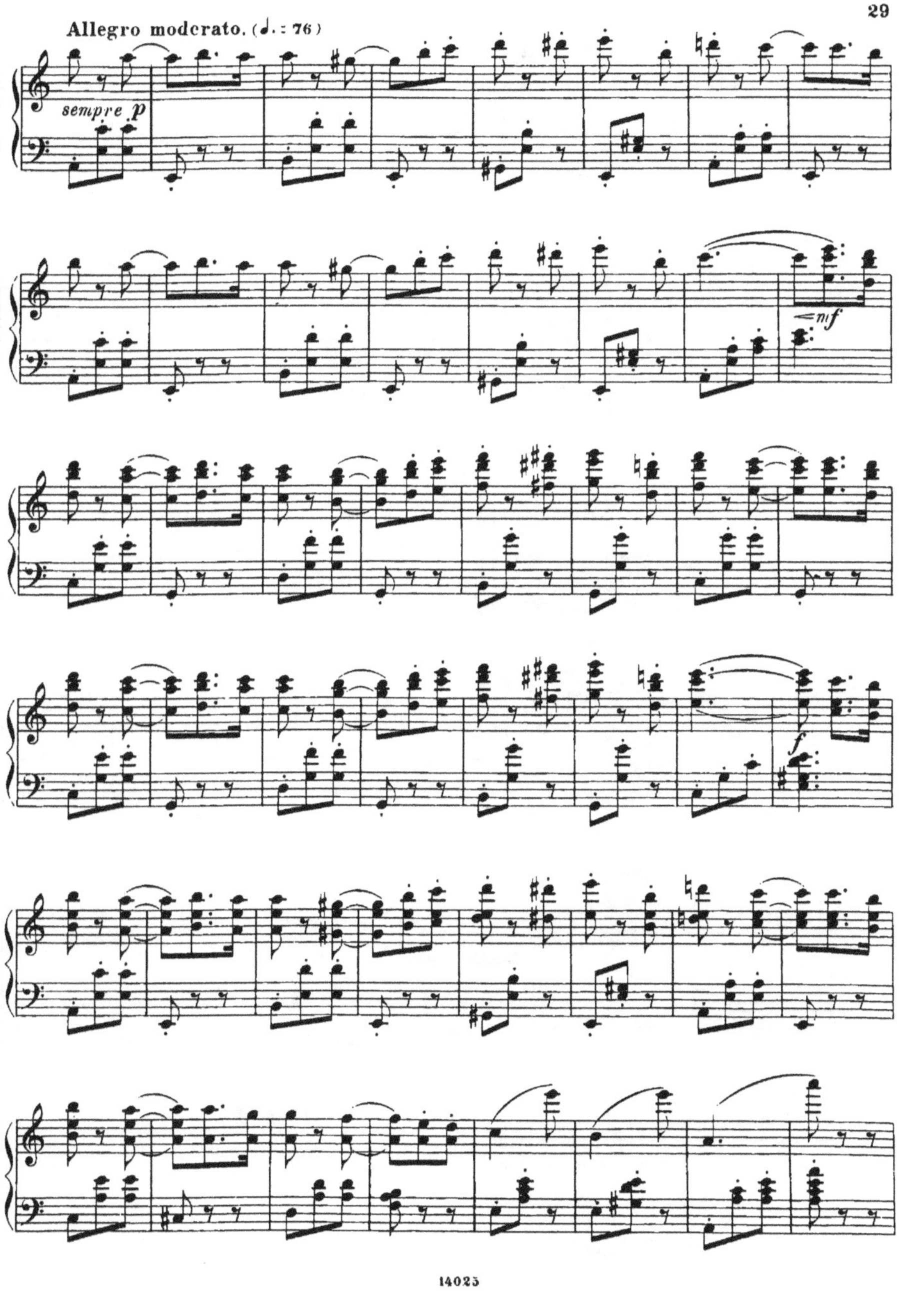
Allegro moderato. (♩. = 76)
sempre p
mf
f

Poco meno mosso.

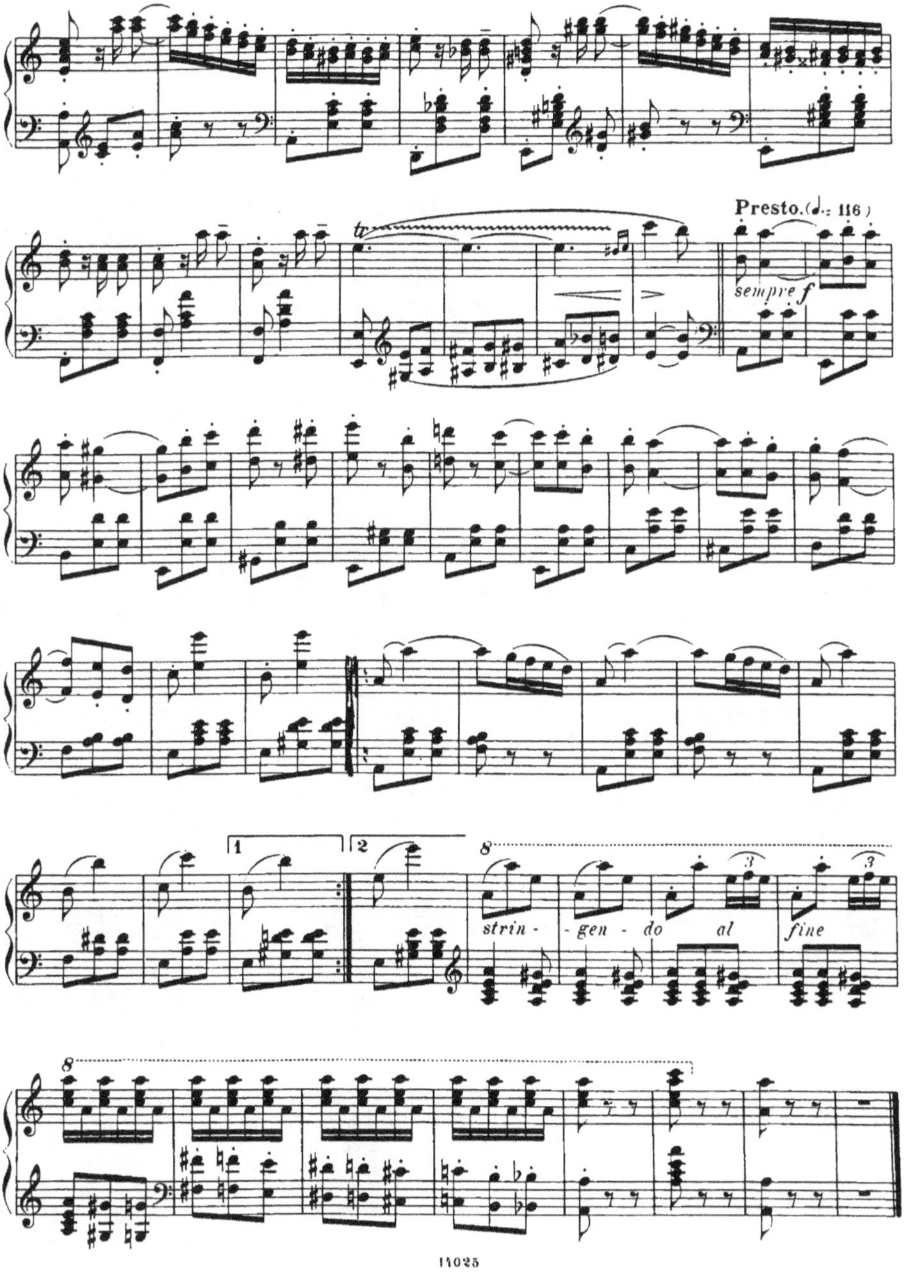
tr
Presto. (♩. = 116)
sempre f
1
2
8
strin- gen- do al fine
3

Griechische Weine.

sf
p
pp
Presto. (♩ = ♪)
cresc.
f poco stringendo
1.
dimin.
rit.
p
2.
accel. e cresc.
tr
ff

Die ungarischen Weine.

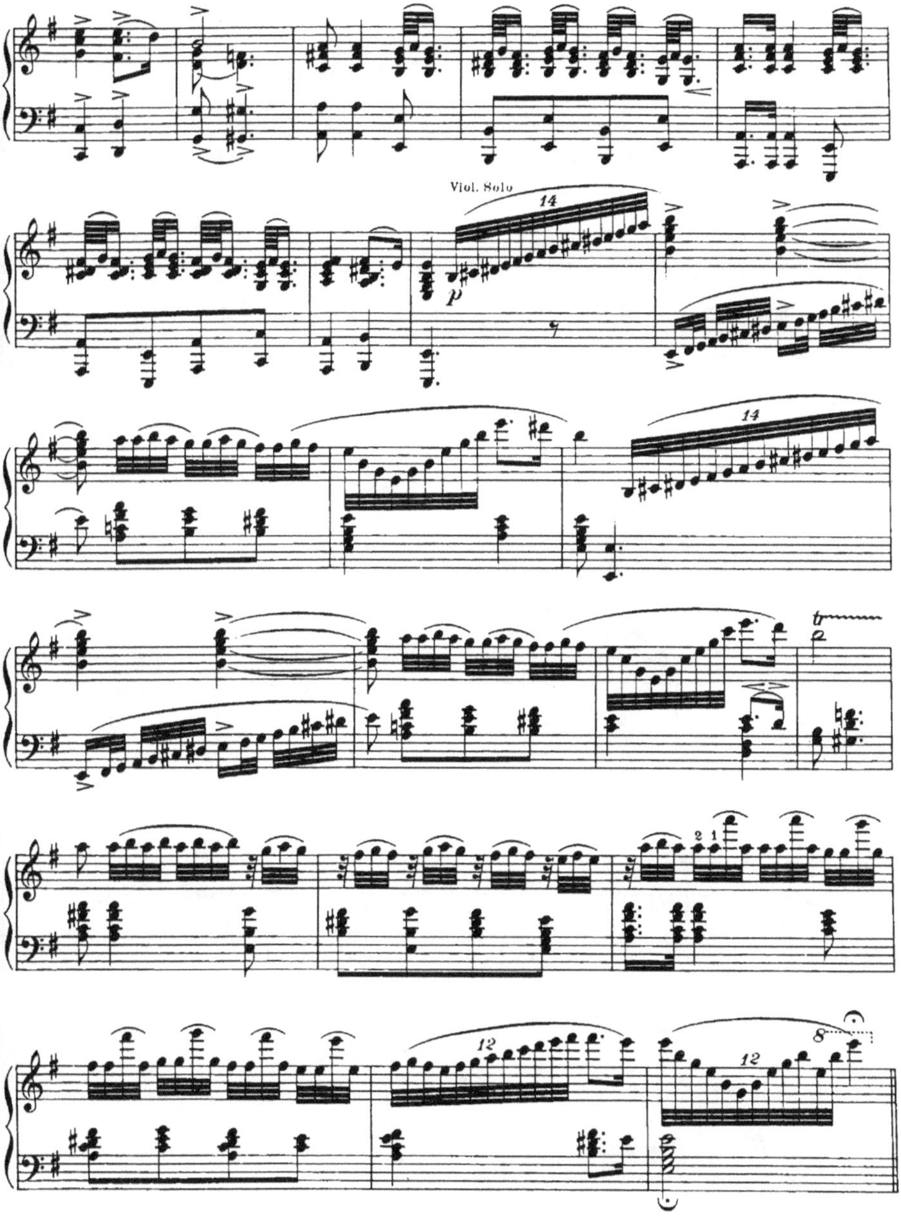
Viol. Solo

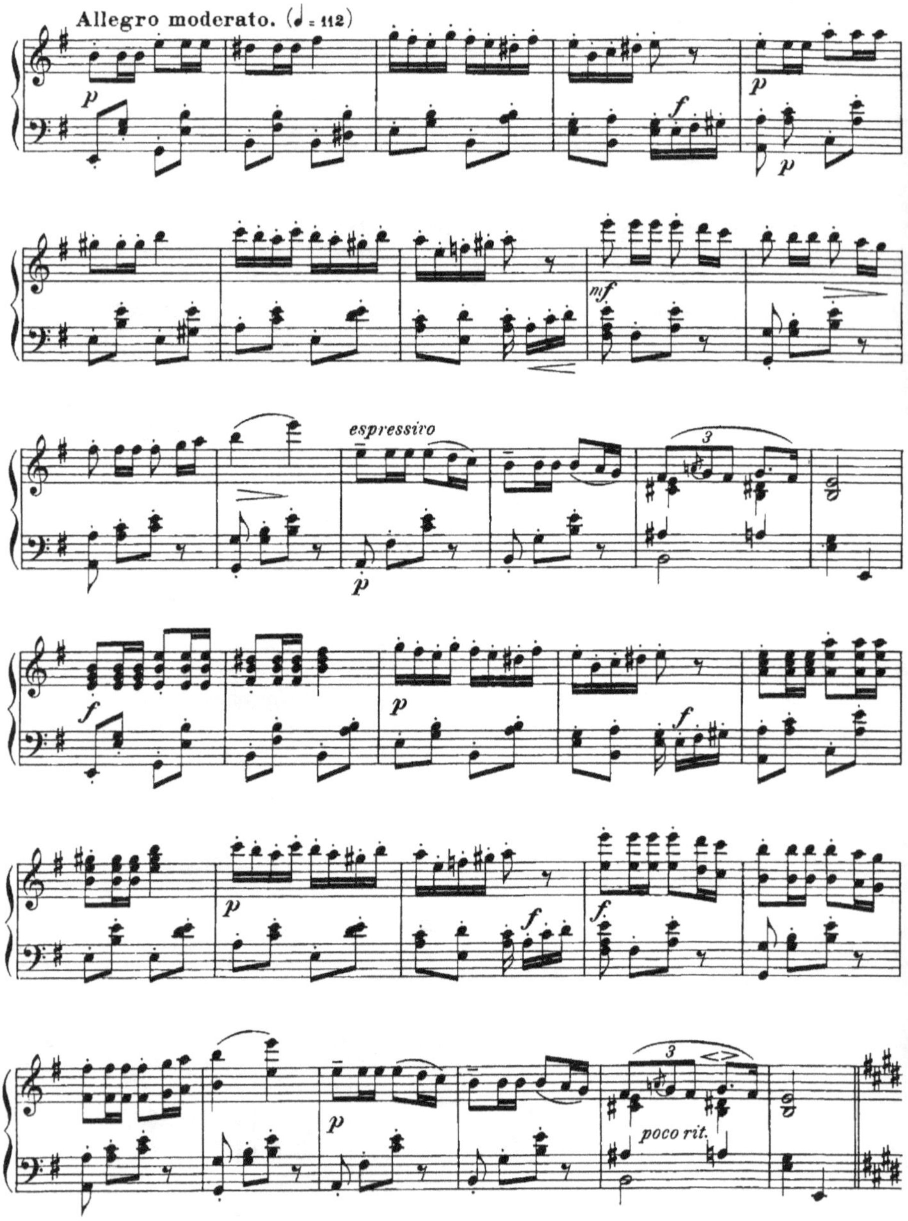
Allegro moderato. (♩= 112)
espressivo
3
poco rit.

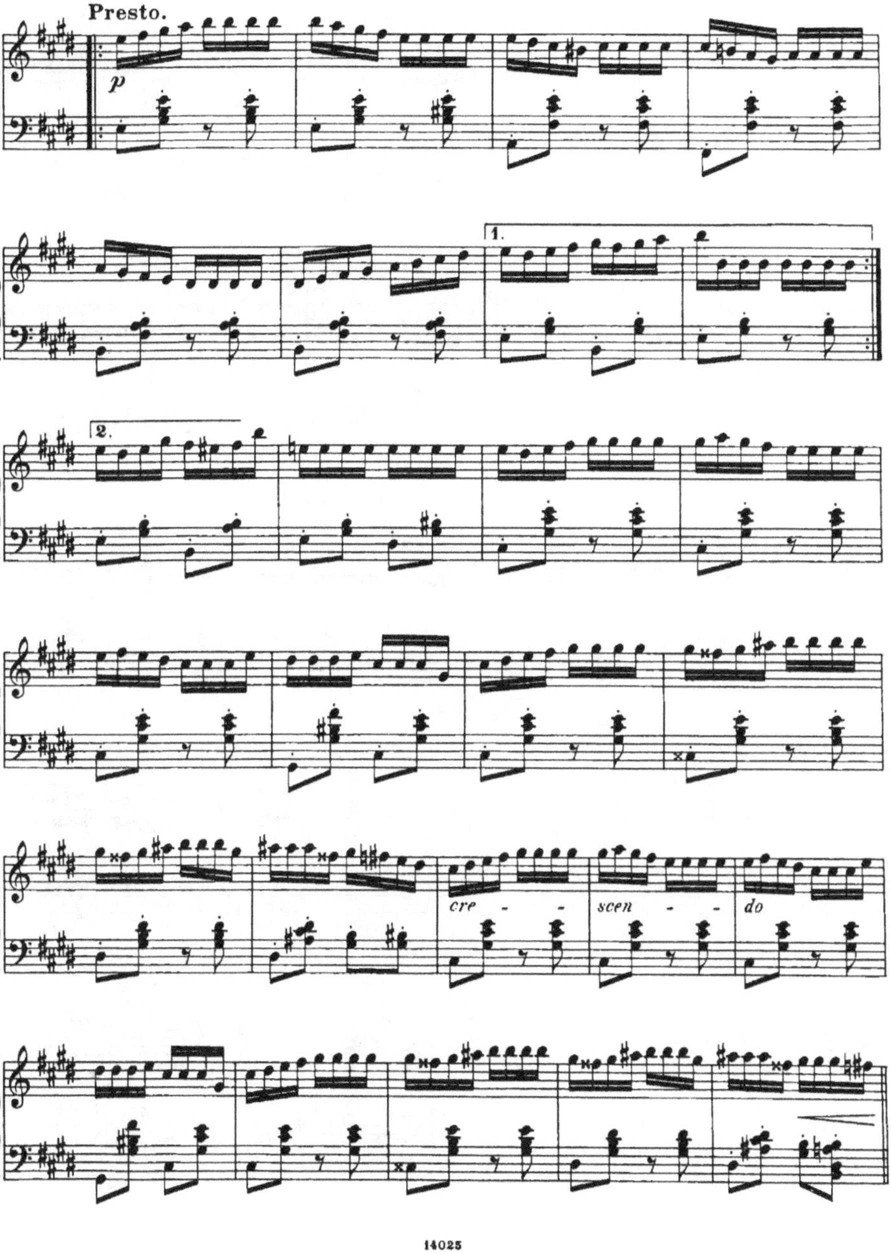
Presto.
p
1.
2.
cre - - scen - - do

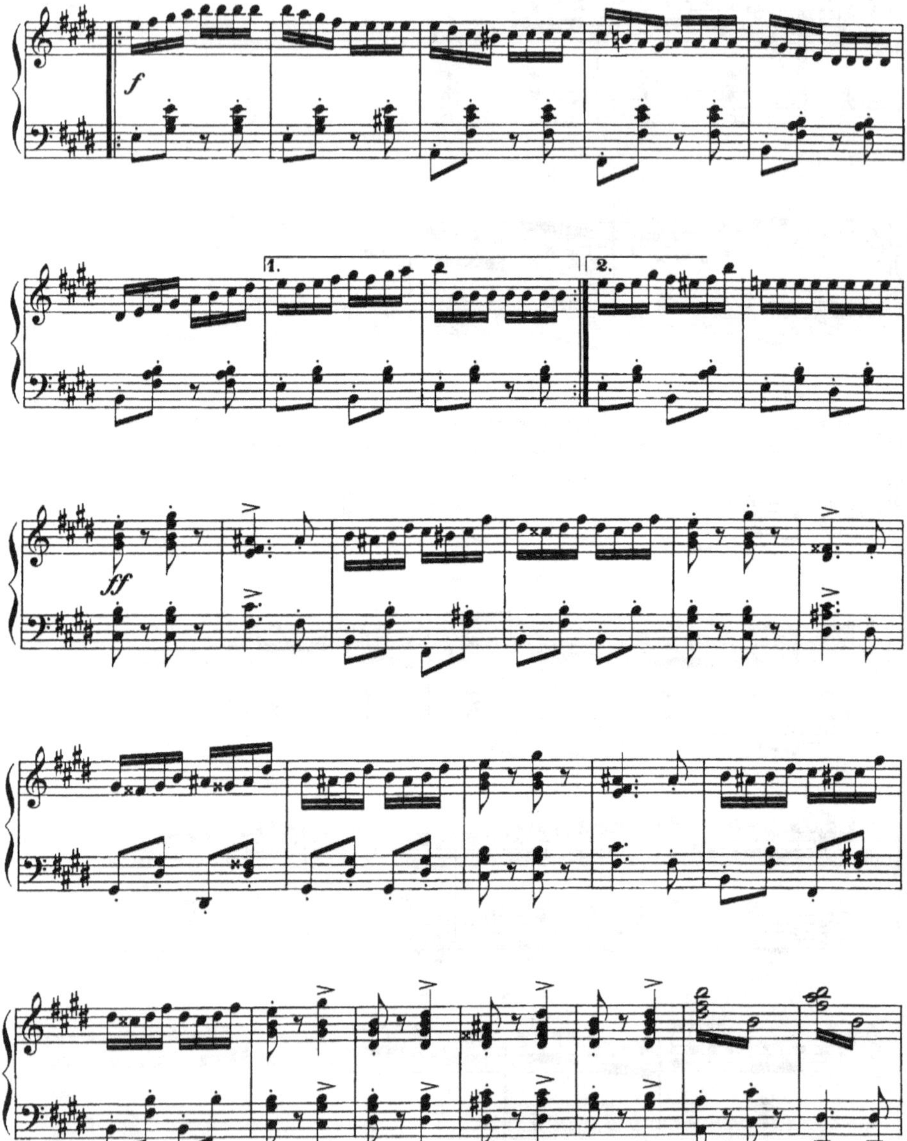
f
1.
2.
ff

Prestissimo.

5. Scene. Der König bleibt in Schwermuth versunken, Alle sind rathlos.

Allegro moderato.

mf

Da bringt die Wache eine alte Hexe herein. (Der Wachoffizier erzählt, die Alte hätte sich in den Palast geschli

Allegro moderato. (♩ = 108)

Ped. *

-chen und wolle den König hei- -len.

Man verhöhnt die Hexe.

Die Ärzte sagen, man

cresc.
poco animando

solle sie verbrennen.   Der Hofmarschall will sie abführen lassen.

f

14025

Sie sträubt sich, als man sie binden will, scheint endlich zu unterliegen.

Sie macht sich plötzlich frei und bannt

durch Zauberkraft die Angreifer.

Sie nähert sich

langsam dem Könige, während die Anderen scheu zurückweichen.

42

6. Scene. König und Hexe allein. Die Hexe zieht einen Zauberkreis. Rosige Wolken senken sich herab.

Allegro molto moderato. ($\bullet$ = 100)

col Ped.

marcato e legato

"Wer bist du?" fragt der König.

"Folge mir in mein Reich" spricht die Hexe, "und trinke von meinem Wein! Ich bin der Frohsinn!"

14023

(Sie lässt das

f animato

Gewand fallen und zeigt sich in glänzend buntem Kleid mit Schellenstab und Narrenkappe. Die Wolken heben sich.

Der Frohsinn geleitet den König zur Estrade. Die Geister der Schwermuth sind entwichen und an ihrer Stelle erblickt mann die lichten Genien des Frohsinns.

Die Bühne zeigt rückwärts einen Weingarten.

14023

L'istesso tempo. (La vendange.) Winzertanz.

Genien als Winzer mit goldenen Körben, Rebenstöcken etc.

Im Hindergrunde eine grosse, von Figuren getragene Schale, in welche (beim Allegro vivace) die Genien

die gesammelten Reben auspressen.

Allegro vivace. (♩= 138) (Pflücken und Keltern der Trauben)
p
cresc.
f
p
cresc.
f
p
cresc.
f
dim.

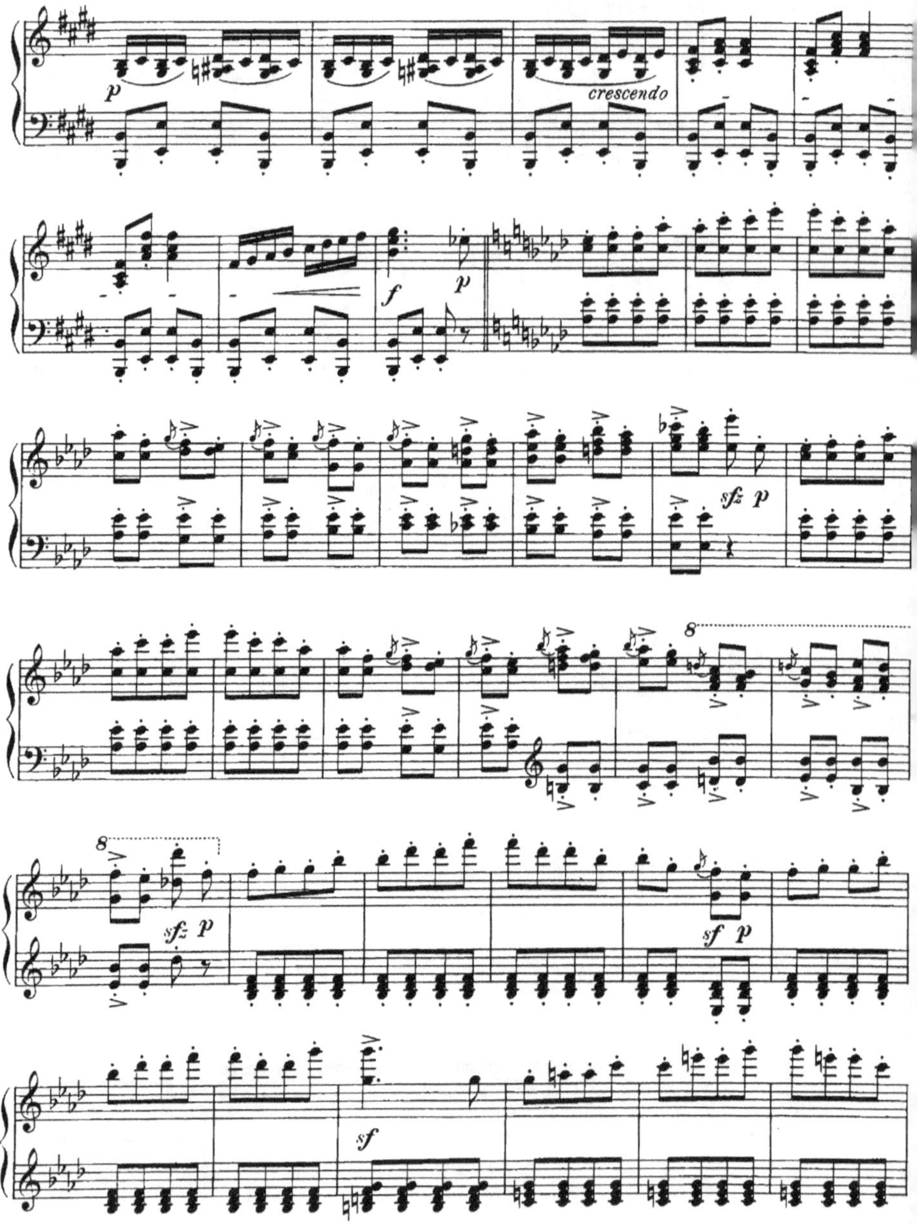
p
crescendo
f
p
sfz p
8
sfz p
sf p
sf

Der Trank braust auf. Goldige Strahlen schiessen empor. Der Frohsinn schwingt seinen Stab.

Der Schale entsteigt (beim *ff*) der neu geborene Wein, der Champagner, in Gestalt einer Tänzerin, die einen Pokal hält.

14025

47

Andante. (♩. = 84.)

Sie nähert sich dem Könige

und reicht ihm den Becher.

dolce

Più animato.
Der König kostet.

Flöte

Più mosso.
Der König trinkt.   Lebensmuth und Heiterkeit ziehen in sein Herz.

Viol.

Grande Valse.

Allegro molto vivace.

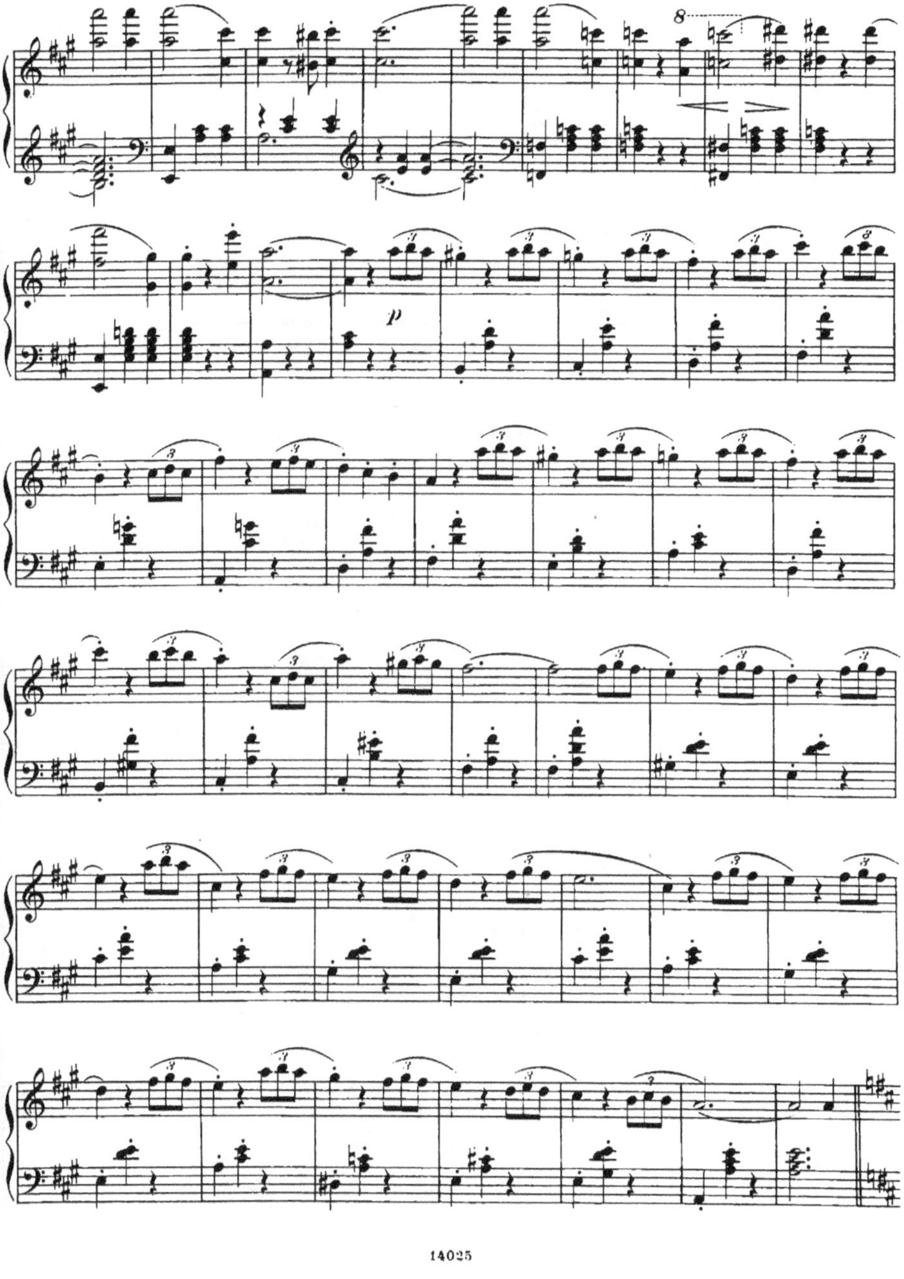

Poco meno mosso.

Tempo I.

Poco tranquillo.

Tempo I. (Vivace.)

Tempo I.
(Bei den Zeichen • stossen verschiedene Paare mit den Champagnergläsern an.)

Presto.

53

Più presto.

14025

Introduction.
Allegro.

Galopp.
Vivace.

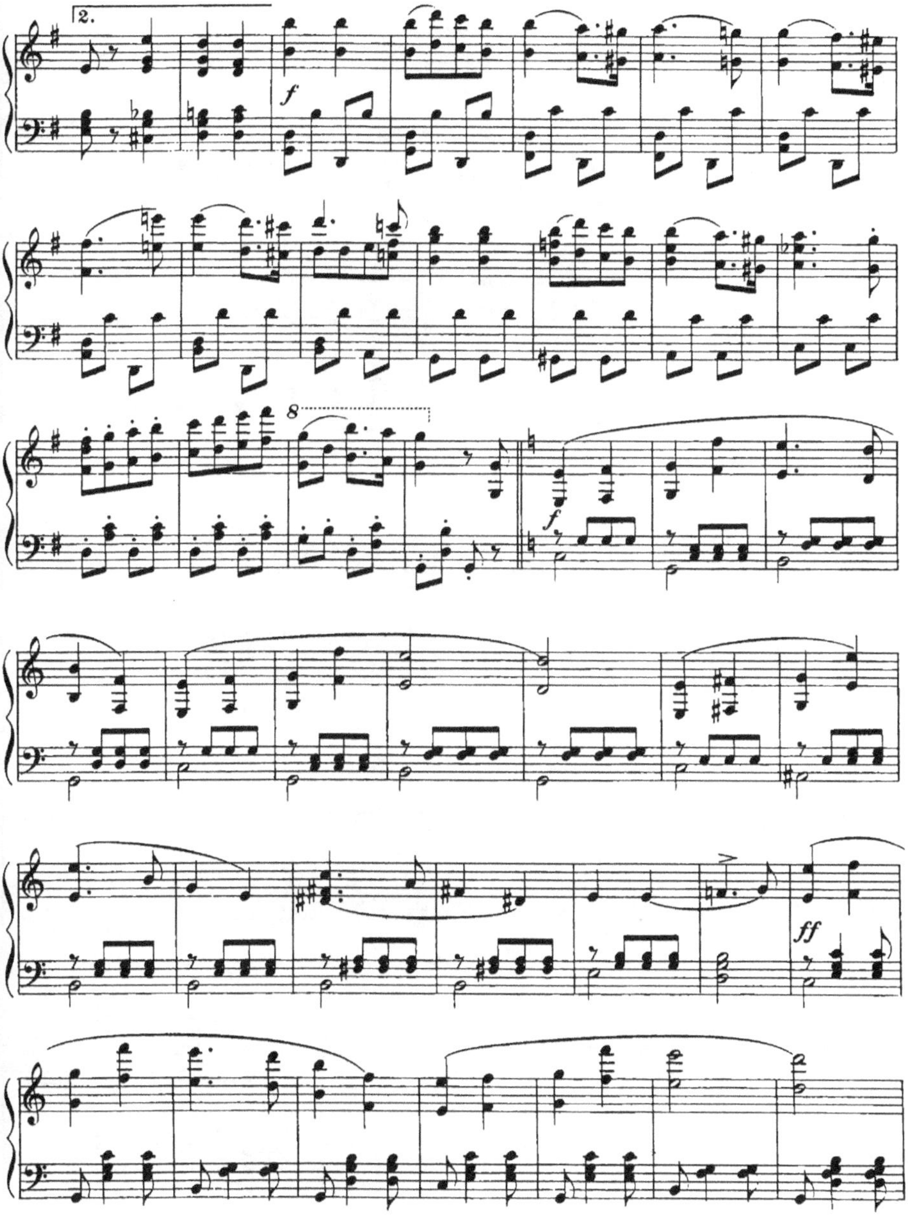
2.
f
8
f
ff

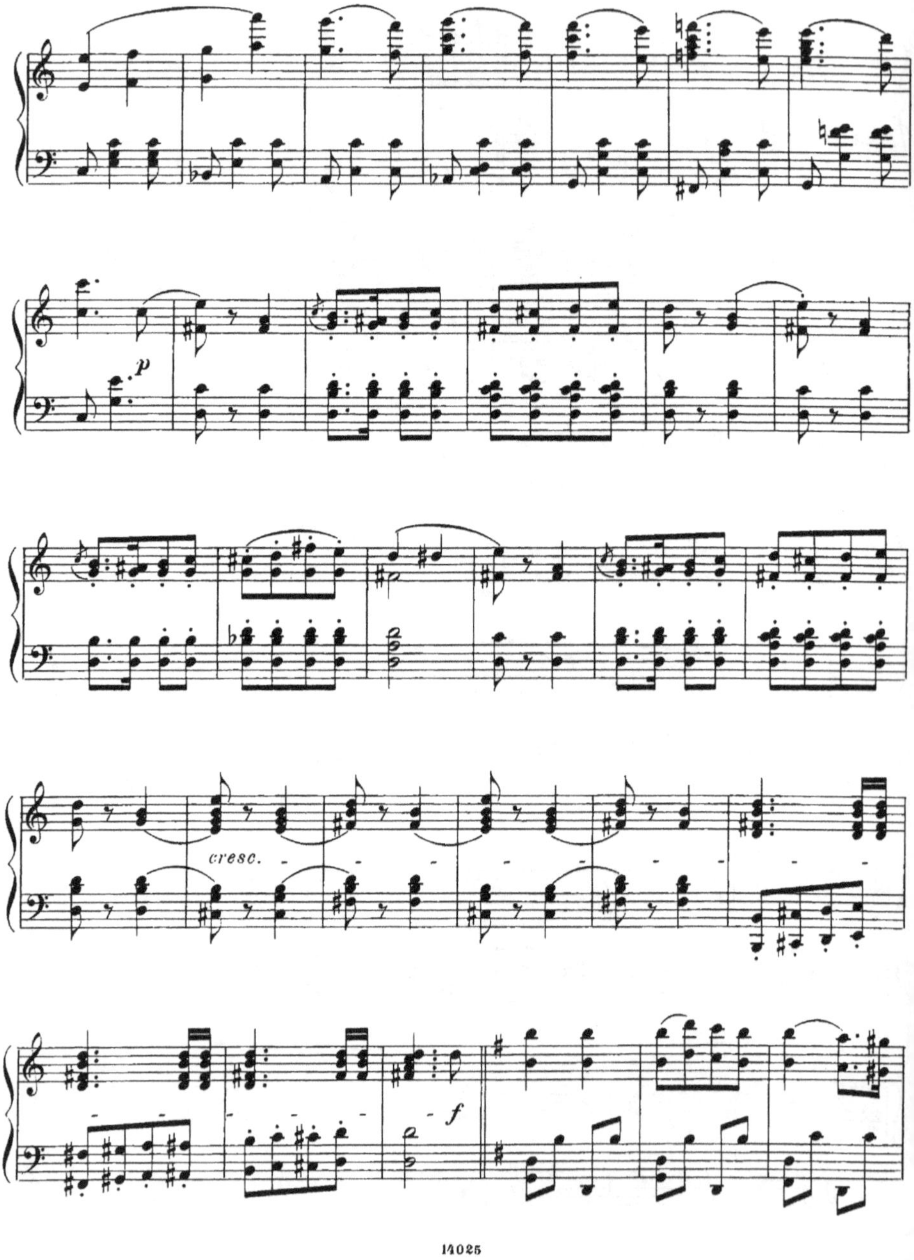
p
cresc.
f

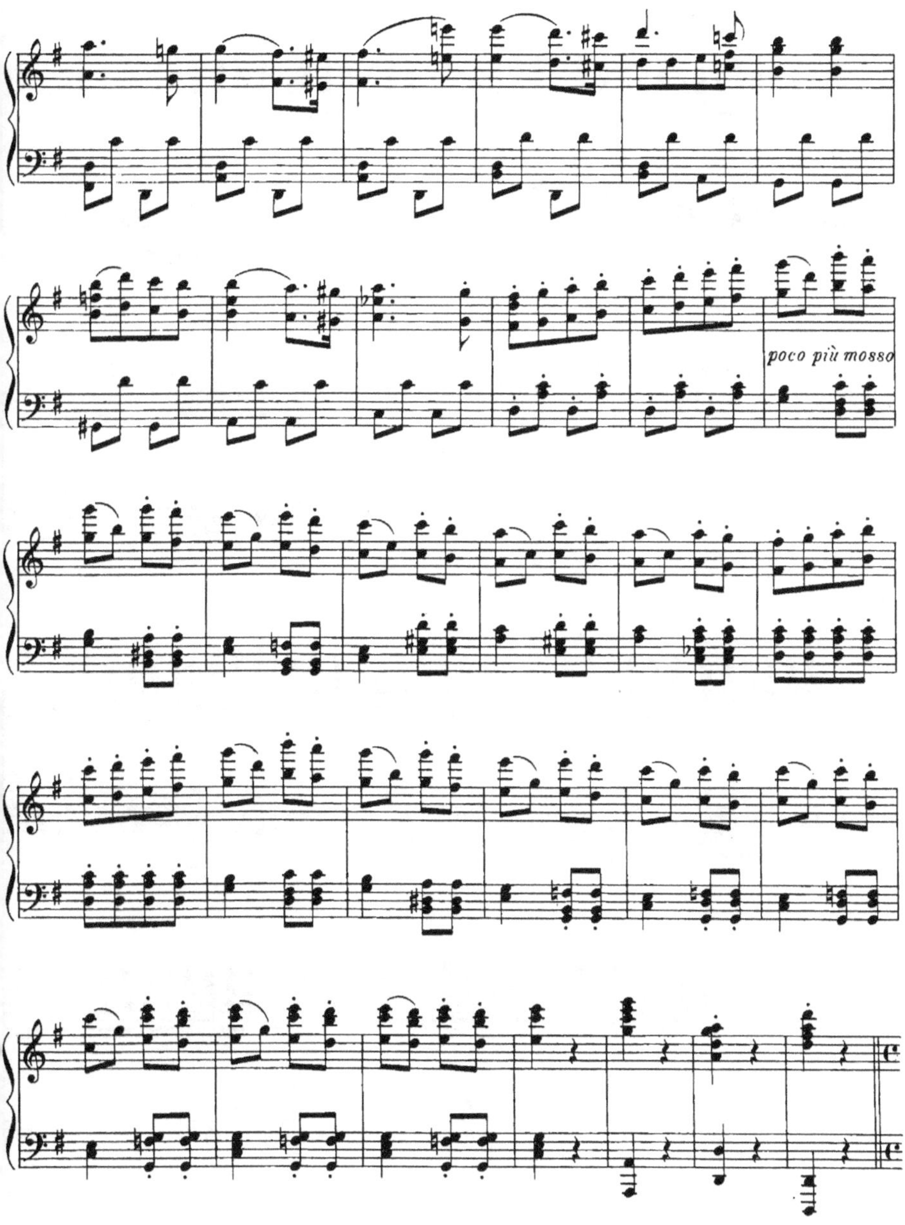
poco più mosso

Apotheose. Champagnerflaschen, von Eismännern getragen etc.
Allegro moderato.

Der Vorhang fällt.

Stich und Druck von C. G. Röder, Leipzig.